Lucas Zanga

PORTER L'ÉVANGILE DU SALUT AUJOURD'HUI

Lucas Zanga

PORTER L'ÉVANGILE DU SALUT AUJOURD'HUI

Le plus beau message de tous les temps

Éditions Croix du Salut

Imprint

Any brand names and product names mentioned in this book are subject to trademark, brand or patent protection and are trademarks or registered trademarks of their respective holders. The use of brand names, product names, common names, trade names, product descriptions etc. even without a particular marking in this work is in no way to be construed to mean that such names may be regarded as unrestricted in respect of trademark and brand protection legislation and could thus be used by anyone.

Cover image: www.ingimage.com

Publisher:
Éditions Croix du Salut
is a trademark of
Dodo Books Indian Ocean Ltd. and OmniScriptum S.R.L publishing group

120 High Road, East Finchley, London, N2 9ED, United Kingdom
Str. Armeneasca 28/1, office 1, Chisinau MD-2012, Republic of Moldova, Europe
Managing Directors: Ieva Konstantinova, Victoria Ursu
info@omniscriptum.com

Printed at: see last page
ISBN: 978-620-6-16939-0

PORTER

L'ÉVANGILE DU SALUT AUJOURD'HUI

Remerciements

Je tiens à exprimer ma profonde gratitude à tous ceux et celles qui m'ont apporté leur soutien, tant direct qu'indirect, par leurs conseils pratiques, leurs prières et leurs assistances multiformes au cours de l'élaboration de ce projet, depuis l'an 1991 à Ombessa jusqu'à ce jour.

Tout d'abord, je tiens à adresser ma reconnaissance à la servante et bien-aimée dans le Seigneur, ONGUEDOU Damarice, dont les travaux de dactylographie ont été d'une valeur inestimable. À une époque où l'outil informatique n'était pas encore largement accessible, son engagement et son dévouement ont rendu ce travail possible, et je lui en suis profondément reconnaissant.

Je remercie affectueusement mes anciens bien-aimés dans la foi :

- *L'ancien BISSAGA Antoine*

- *L'ancien DALLE Emmanuel*

- *L'ancien YONKEU Shadrac*

Pour leurs corrections et leur relecture attentive des manuscrits. Leur expertise et leur diligence ont grandement contribué à la qualité de cet ouvrage.

Ma satisfaction est également totale vis-à-vis des Editions Universitaires Européennes, qui ont pris en charge l'ensemble des travaux d'impression finaux et de publication de cet ouvrage. Leur professionnalisme et leur soutien ont été essentiels dans ce processus.

Enfin, je rends grâce au Seigneur Jésus-Christ, qui a déposé ce fardeau en moi pour apporter cet enseignement à Son peuple. C'est grâce à Sa grâce et à Sa direction que ce projet a pu voir le jour.

À Lui soit toute la gloire, aux siècles des siècles !

PORTER L'ÉVANGILE DU SALUT AUJOURD'HUI

TABLE DES MATIERES

Introduction

Dans un monde en constante mutation, où le bruit des nouvelles et des opinions s'élève chaque jour davantage, il est facile de perdre de vue ce qui est essentiel. Le message de l'Évangile — celui du salut, de l'amour et de la rédemption — peut sembler délaissé, voire obsolète, au milieu des préoccupations contemporaines. Pourtant, ce message est plus pertinent que jamais. Alors que nous affrontons des défis sans précédent, tant sur le plan personnel que collectif, l'Évangile offre une lumière d'espoir et de transformation.

La nécessité de porter l'Évangile du salut est impérative aujourd'hui. Ce n'est pas uniquement une responsabilité religieuse, mais un appel à tous ceux qui ont rencontré la grâce de Dieu. En tant que chrétiens, nous sommes appelés à être des témoins de cette grâce, à partager la vérité de l'Évangile avec le monde qui nous entoure. Dans ce livre, nous explorerons les différentes facettes de cette mission sacrée, les défis que nous rencontrons, et les moyens dont nous disposons pour y répondre.

L'Évangile est un message intemporel, un cadeau que nous avons reçu et que nous devons transmettre. En tant qu'Églises locales, serviteurs de Dieu, frères et sœurs en Christ, nous devons nous engager dans cette œuvre d'évangélisation et de discipolât d'excellence, conformément à l'instruction de notre Seigneur : « Allez, faites de toutes les nations des disciples » (Matthieu 28 :19-20).

Ce livre se structure en douze chapitres, chacun traitant d'un aspect spécifique de l'évangélisation. Nous commencerons par explorer la nature même de l'Évangile, puis nous aborderons les défis contemporains, les moyens de communication moderne, et le rôle de la communauté chrétienne. Nous examinerons également les qualités nécessaires pour être un porteur d'Évangile, ainsi que les conséquences du silence évangélique et les récompenses que Dieu réserve à ceux qui gagnent des âmes.

L'objectif de ce livre est de vous encourager et de vous équiper pour répondre à cet appel. Que vous soyez un leader d'Église, un membre engagé, ou quelqu'un qui cherche à approfondir sa foi, les principes que nous explorerons ensemble sont applicables à tous. Je vous invite à plonger dans cette réflexion et à considérer comment vous pouvez, vous aussi, porter l'Évangile du salut aujourd'hui.

CHAPITRE 1

L'ÉVANGILE, UN MESSAGE INTEMPOREL

L'Évangile est plus qu'une simple histoire ; il est le cœur même de la foi chrétienne. Dans sa simplicité et sa profondeur, il annonce une vérité universelle : Dieu aime chaque individu, et par Jésus-Christ, il a offert une voie de réconciliation avec Lui. Ce message, qui a traversé les siècles, ne perd jamais de sa pertinence. Dans un monde où les vérités sont souvent remises en question, l'Évangile se tient ferme, offrant une fondation sur laquelle nous pouvons bâtir nos vies.

Les fondements de l'Évangile

À la base de l'Évangile se trouve l'amour inconditionnel de Dieu. Jean 3 :16 déclare : *« Car Dieu a tant aimé le monde qu'il a donné son Fils unique, afin que quiconque croit en lui ne périsse point, mais qu'il ait la vie éternelle. »* Cette promesse de vie éternelle transcende le temps et les cultures. Chaque fois que nous partageons ce message, nous communiquons une vérité puissante qui peut transformer des cœurs et des vies.

L'Évangile nous rappelle également la réalité du péché et la nécessité d'un Sauveur. Tous, à un moment ou à un autre, avons échoué à atteindre la perfection que Dieu exige. Romains 3 :23 nous dit : *« Car tous ont péché et sont privés de la gloire de Dieu. »* Cependant, la bonne nouvelle est que, par grâce, nous pouvons être réconciliés avec notre Créateur. Jésus, par sa mort et sa résurrection, a payé le prix pour nos péchés, nous offrant ainsi la possibilité d'une nouvelle vie en Lui.

La pertinence de l'Évangile aujourd'hui

L'Évangile reste pertinent dans notre monde moderne. Les luttes humaines, les problèmes de société, et les défis auxquels nous sommes confrontés ne changent pas la vérité de l'Évangile. Au contraire, ces défis renforcent le besoin de ce message de salut. Aujourd'hui, beaucoup cherchent désespérément un sens à la vie, une réponse à leurs questions profondes. L'Évangile offre cette réponse. En tant que porteurs de ce message, nous devons nous efforcer de le partager avec ceux qui nous entourent.

Il est également important de considérer comment l'Évangile s'applique à différentes cultures et contextes. Bien que le message reste le même, notre approche peut varier en fonction de la culture dans laquelle nous nous trouvons. Cela nécessite de la sensibilité et de l'écoute, tout en restant fidèles aux vérités fondamentales de l'Évangile.

Vivre l'Évangile au quotidien

Porter l'Évangile ne se limite pas à le prêcher, mais implique également de vivre selon ses principes. Cela signifie que notre comportement, nos paroles et nos actions doivent refléter notre foi. Les gens jugent souvent l'Évangile par la manière dont nous vivons.

Être un témoin authentique nécessite une intégrité personnelle. Nous devons nous engager à vivre des vies qui honorent Dieu, que ce soit dans nos relations, notre travail ou nos interactions quotidiennes. Les petites choses, comme faire preuve d'honnêteté, de compassion et de respect, envoient un puissant message sur ce que signifie être un disciple de Christ.

Témoignages de transformation

Les témoignages de transformation personnelle sont des éléments essentiels pour toucher les cœurs. Chaque fois qu'une personne partage son histoire de vie transformée par l'Évangile, elle illustre la puissance de Dieu à l'œuvre. Ces histoires résonnent avec ceux qui cherchent des réponses, car elles démontrent que la foi en Christ produit des résultats tangibles.

Il est essentiel d'encourager les membres de notre Église à partager leurs expériences. Que ce soit lors de services de louange, d'événements communautaires ou même à travers des médias sociaux, chaque témoignage a le potentiel d'inspirer et de toucher d'autres vies. En mettant en avant ces histoires de transformation, nous montrons que l'Évangile est vivant et actif, capable de toucher les cœurs les plus endurcis.

CHAPITRE 2

LES DEFIS CONTEMPORAINS

Nous vivons à une époque où l'indifférence religieuse s'étend comme une ombre. La montée de la sécularisation a engendré une vision du monde où la foi est souvent reléguée au second plan. Les valeurs morales sont remises en question, et beaucoup vivent sans but. Cependant, ces défis ne doivent pas nous décourager. Au contraire, ils sont un appel à redoubler d'efforts. Chaque croyant est appelé à se lever, à se tenir ferme et à témoigner de la vérité de l'Évangile, même au milieu de l'adversité.

L'indifférence religieuse

L'indifférence religieuse est un défi majeur pour l'évangélisation aujourd'hui. Beaucoup vivent comme si la foi n'avait pas d'importance, et le message de l'Évangile est souvent perçu comme obsolète. Ce phénomène peut être attribué à de nombreux facteurs, notamment la montée de la science et de la technologie, qui a conduit certains à croire que la raison et la logique peuvent expliquer tout.

Cependant, derrière cette indifférence se cache souvent un besoin profond de spiritualité et de vérité. Les gens cherchent des réponses à des questions existentielles, même s'ils ne le réalisent pas toujours. En tant que croyants, nous devons être sensibles à ces besoins et adopter une approche d'écoute et de compréhension. Cela signifie reconnaître que beaucoup sont en quête de sens et de but, même s'ils ne le savent pas encore.

La montée de la sécularisation

La sécularisation, ou le retrait de la religion des sphères publiques et sociales, est également un défi. Dans de nombreux pays, la foi chrétienne est perçue comme une question personnelle qui ne doit pas influencer la société. Cela peut rendre l'évangélisation plus difficile, car il est souvent mal vu de partager sa foi ouvertement. Cependant, cela ne signifie pas que nous devons nous taire. Au contraire, cela nous appelle à être des témoins courageux, en défendant notre foi avec amour et respect.

Nous devons également nous rappeler que l'Évangile a toujours prospéré dans des contextes difficiles. L'Église primitive a connu une forte opposition, mais elle a continué à croître. De la même manière, nous pouvons être des agents de changement dans notre société actuelle, en partageant le message de l'Évangile avec audace et détermination.

Les nouveaux défis éthiques et moraux

La montée des problématiques éthiques et morales est un autre défi auquel nous sommes confrontés. Les questions de justice sociale, d'éthique reproductive, de sexualité et de droits individuels sont au cœur des débats contemporains. En tant que croyants, nous sommes appelés à prendre position sur ces questions, mais cela doit être fait avec sagesse et compassion.

Il est essentiel de fonder notre position sur la vérité biblique, tout en tenant compte des réalités de notre époque. Cela nécessite une connaissance approfondie des Écritures et une capacité d'analyse critique des enjeux sociétaux. Nous devons être prêts à défendre notre foi, tout en respectant ceux qui ont des points de vue différents.

La réponse de la communauté chrétienne

Face à ces défis, la communauté chrétienne doit se lever. Nous ne pouvons pas nous contenter d'observer les tendances qui se développent autour de nous. Au lieu de cela, nous devons être proactifs et chercher des moyens d'apporter l'Évangile dans les conversations qui ont lieu dans notre société. Cela peut inclure des initiatives locales, des études bibliques sur des sujets contemporains, ou même des forums de discussion sur des questions de société.

En unissant nos forces, nous avons la capacité de faire entendre notre voix. L'Église doit devenir un lieu de dialogue et d'encouragement, où les croyants peuvent exprimer leurs préoccupations tout en se soutenant mutuellement dans leur mission d'évangélisation. En étant authentiques et transparents, nous pouvons créer un espace où les gens se sentent en sécurité pour poser des questions et explorer leur foi.

CHAPITRE 3

LES MOYENS DE COMMUNICATION MODERNE

Dans le monde d'aujourd'hui, la communication a considérablement évolué. Les outils modernes, tels que les réseaux sociaux, les blogs, les podcasts, et les vidéos en ligne, sont devenus des instruments puissants pour partager l'Évangile. Ils nous offrent des occasions sans précédent de toucher des vies, souvent de manière inattendue. En tant que chrétiens, nous devons saisir ces opportunités et utiliser ces plateformes pour proclamer la vérité de l'Évangile.

L'impact des réseaux sociaux

Les réseaux sociaux sont devenus une plateforme incontournable pour la communication. Des millions de personnes à travers le monde utilisent des plateformes comme Facebook, Instagram, Twitter et TikTok pour partager des idées, des expériences et des messages. En tant que croyants, nous avons un incroyable potentiel d'atteindre des personnes qui ne franchiraient jamais les portes d'une Église.

Pour utiliser efficacement les réseaux sociaux, il est essentiel de créer du contenu engageant et authentique. Cela peut inclure le partage de versets bibliques, de réflexions personnelles sur notre foi, ou même des témoignages de transformation. Les visuels, comme les images et les vidéos, attirent également l'attention et peuvent renforcer l'impact de notre message.

Il est important de se rappeler que chaque publication est une occasion de témoigner de notre foi. Cela nécessite de la prudence et de la prière pour nous assurer que notre contenu reflète le caractère de Christ. En étant intentionnels dans notre communication, nous pouvons toucher des vies de manière significative.

Utiliser les technologies pour partager l'Évangile

Outre les réseaux sociaux, il existe d'autres outils technologiques qui peuvent être exploités pour l'évangélisation. Les blogs et les sites Web sont d'excellentes plateformes pour partager des réflexions plus longues et approfondies sur des sujets

11

bibliques. Les podcasts, quant à eux, permettent une approche plus personnelle et engageante, où les auditeurs peuvent entendre des discussions sur des questions de foi, des interviews avec des leaders chrétiens, et des témoignages de transformation.

Les vidéos en ligne, telles que celles sur YouTube, peuvent également être des outils puissants pour partager l'Évangile. Les enseignements, les prédications et même les courts-métrages peuvent atteindre des publics variés et inspirer l'intérêt pour la foi chrétienne. Ces médias permettent de toucher des personnes qui pourraient ne pas être ouvertes à une approche traditionnelle de l'évangélisation.

Importance des témoignages personnels

Les témoignages personnels sont parmi les moyens les plus puissants de partager l'Évangile. Raconter notre histoire de transformation par la grâce de Dieu résonne avec les cœurs de ceux qui cherchent des réponses. Chaque récit de vie touchée par l'Évangile révèle la puissance de Dieu à l'œuvre.

Encourager les membres de notre Église à partager leurs témoignages, que ce soit lors de services de louange, d'événements communautaires ou en ligne, peut créer un environnement d'inspiration et d'encouragement. Ces témoignages authentiques montrent que la foi en Christ n'est pas seulement une théorie, mais une réalité vivante.

Créer un environnement d'engagement

Pour maximiser l'impact de notre communication, il est essentiel de créer un environnement d'engagement. Cela signifie encourager les interactions, les discussions et les échanges d'idées. Les questions ouvertes, les sondages et les appels à l'action peuvent susciter des conversations significatives et inciter les gens à réfléchir à leur propre foi.

En tant que communauté chrétienne, nous devons nous engager à être présents sur ces plateformes et à établir des relations authentiques avec ceux qui nous entourent. En étant accessibles et ouverts, nous créons des opportunités de partage et de témoignage, renforçant ainsi notre impact dans le monde.

CHAPITRE 4

LA COMMUNAUTE CHRETIENNE COMME
VECTEUR DE SALUT

L'Église est le corps du Christ sur terre, un lieu de refuge, d'encouragement et de croissance spirituelle. En tant que communauté, nous avons la responsabilité de porter l'Évangile de manière collective. Chaque membre joue un rôle unique et précieux dans cette mission. En unissant nos forces, nous pouvons avoir un impact significatif sur notre communauté et au-delà.

L'importance de l'Église dans l'évangélisation

L'Église est appelée à être un phare de lumière dans un monde sombre. En tant que communauté de croyants, nous sommes appelés à nous soutenir mutuellement dans notre mission d'évangélisation. Cela signifie que chaque membre doit être encouragé à utiliser ses dons et talents pour contribuer à cette œuvre. Que ce soit à travers le chant, l'enseignement, le service ou l'encouragement, chaque contribution est précieuse et peut faire une différence.

L'Église doit être un lieu où l'amour et la compassion de Christ sont vécus. Lorsque les membres de l'Église se soutiennent et s'encouragent les uns les autres, cela crée une atmosphère de croissance et de transformation. Les nouveaux venus doivent se sentir accueillis et aimés, et cela commence par la culture de l'Église elle-même.

Créer des environnements accueillants

Pour devenir un vecteur de salut, l'Église doit créer des environnements accueillants. Cela implique de former des équipes d'accueil, d'organiser des événements communautaires, et de promouvoir une culture de l'hospitalité. Chaque membre de l'Église a un rôle à jouer en accueillant les visiteurs avec chaleur et ouverture.

Les petits groupes, les études bibliques et les événements sociaux sont d'excellentes occasions d'établir des liens et d'inviter de nouvelles personnes à faire partie de notre famille spirituelle. Ces environnements favorisent l'interaction et permettent aux gens de se sentir soutenus dans leur cheminement de foi.

L'importance du discipulât

Une fois que des personnes acceptent Christ, il est essentiel de les accompagner dans leur croissance spirituelle. Le discipolât est une partie intégrante de l'évangélisation. Cela signifie que nous devons investir du temps et de l'énergie pour enseigner, encourager et soutenir les nouveaux croyants.

Le discipulât peut prendre de nombreuses formes, y compris des études bibliques, des groupes de prière, et même des relations de mentorat. En offrant un soutien et des ressources, nous aidons les nouveaux croyants à s'enraciner dans leur foi et à développer une relation personnelle avec Dieu.

Témoignages de communautés transformées

Les témoignages de communautés transformées par l'Évangile sont des exemples puissants. Dans de nombreuses régions du monde, des Églises ont vu des vies changées, des familles restaurées et des communautés revitalisées grâce à leur engagement à partager l'Évangile.

Ces histoires inspirantes nous rappellent que l'Évangile a le pouvoir de transformer des vies et des sociétés. En tant que membres de l'Église, nous sommes appelés à participer à cette œuvre de transformation, en cherchant des moyens d'apporter l'amour et la lumière de Christ dans notre communauté.

CHAPITRE 5

TEMOIGNAGES DE TRANSFORMATION

Les témoignages de transformation personnelle sont parmi les outils les plus puissants dont nous disposons pour partager l'Évangile. Chaque récit de changement est une preuve tangible de la puissance de Dieu à l'œuvre dans nos vies. Lorsque nous partageons nos histoires, nous invitons les autres à voir la réalité du Christ à travers nos expériences.

L'impact des témoignages

Les témoignages sont essentiels pour communiquer la puissance de l'Évangile. Ils révèlent comment des vies ont été transformées par l'amour et la grâce de Dieu. Chaque histoire est unique et offre une perspective différente sur la manière dont Dieu agit dans la vie des gens.

Lorsque nous partageons notre témoignage, nous donnons aux autres la possibilité de s'identifier à notre parcours. Les personnes qui luttent avec des péchés similaires ou des situations difficiles peuvent trouver de l'espoir dans nos histoires. Cela démontre que, quelle que soit notre situation, il y a une voie vers la rédemption et la guérison.

Comment partager son témoignage

Partager son témoignage peut se faire de différentes manières. Cela peut inclure des conversations en tête-à-tête, des présentations dans des services religieux, ou même des publications sur les réseaux sociaux. Il est essentiel de rester authentique et vulnérable lors du partage, en évoquant non seulement les aspects positifs, mais aussi les défis et les luttes que nous avons traversés.

Un témoignage efficace doit comprendre trois éléments principaux : avant la rencontre avec Christ, la rencontre elle-même, et la transformation qui a suivi. En suivant cette structure, nous pouvons communiquer clairement comment Dieu a agi dans nos vies.

Encourager les autres à partager

Il est également crucial d'encourager les membres de notre Église à partager leurs témoignages. Cela peut être fait par le biais de services de louange, d'événements communautaires, ou même par des vidéos partagées en ligne. En créant un espace sûr pour les gens, nous leur permettons de se sentir libres d'exprimer leurs expériences.

Les témoignages collectifs, où plusieurs personnes partagent leurs histoires, peuvent également créer un impact puissant. Cela montre à la congrégation que Dieu travaille dans la vie de chacun et renforce le sentiment de communauté et d'encouragement.

CHAPITRE 6

LE ROLE DE L'ENGAGEMENT SOCIAL

La foi chrétienne ne doit pas rester confinée à nos cœurs ou à nos Églises. Elle doit se manifester à travers des actions concrètes. En aidant les nécessiteux, en défendant la justice et en servant ceux qui sont marginalisés, nous incarnons l'amour de Christ. Chaque acte de compassion est une occasion de témoigner de l'Évangile.

La foi en action

L'engagement social est une expression de notre foi. Il ne s'agit pas simplement de faire des actes de charité, mais de vivre notre foi de manière à apporter un changement réel dans notre communauté. Cela peut inclure des initiatives comme des banques alimentaires, des programmes de mentorat pour les jeunes, ou des projets de réhabilitation pour le sans-abri.

Chaque initiative doit être motivée par l'amour et le désir de servir, plutôt que par un désir de se faire voir ou de gagner des points auprès de Dieu. Dans Galates 5 :13, Paul nous rappelle : *« Car vous avez été appelés à la liberté, frères ; seulement ne faites pas de cette liberté un prétexte pour vivre selon la chair, mais par l'amour, servez-vous les uns les autres. »*

La justice sociale

La justice sociale est un autre aspect essentiel de notre engagement. En tant que croyants, nous sommes appelés à défendre ceux qui sont opprimés et à lutter contre les injustices. Cela peut inclure le plaidoyer pour les droits des réfugiés, la lutte contre le trafic humain, et la sensibilisation aux problèmes de pauvreté et d'inégalité.

Il est important de se rappeler que la justice sociale est ancrée dans la nature de Dieu. Dans Michée 6 :8, il est écrit : *« On t'a fait connaître, ô homme, ce qui est bien ; et ce que l'Éternel demande de toi, c'est que tu pratiques la justice, que tu aimes la miséricorde et que tu marches humblement avec ton Dieu. »* En tant que chrétiens, nous devons incarner ces valeurs et être des agents de changement dans notre société.

Des initiatives communautaires

Les Églises locales peuvent jouer un rôle crucial dans la mise en œuvre d'initiatives sociales. En collaborant avec d'autres organisations, nous pouvons maximiser notre impact et toucher davantage de vies. Cela peut inclure des partenariats avec des organismes de bienfaisance, des écoles, ou même des entreprises locales.

Il est également essentiel de former des équipes au sein de l'Église qui se consacrent spécifiquement à des projets d'engagement social. Cela permet de rassembler des ressources, des compétences et des talents pour répondre aux besoins de notre communauté de manière efficace.

Un témoignage vivant

L'engagement social ne doit pas être perçu comme une simple œuvre caritative, mais comme une manifestation de la mission de l'Église. Chaque acte de compassion doit être accompagné d'une intention de partager l'Évangile. Cela signifie qu'en servant les autres, nous parlons également de la raison de notre engagement — l'amour de Christ qui nous pousse à agir.

Les projets d'engagement social peuvent devenir des plateformes puissantes pour partager la foi. Par exemple, lors d'une distribution de nourriture, nous pouvons inclure des temps de prière, des témoignages, ou même des études bibliques pour ceux qui sont intéressés. Cela crée des opportunités de connexion et d'engagement spirituel.

CHAPITRE 7

L'EVANGELISATION PERSONNELLE

L'évangélisation personnelle est un aspect fondamental de notre vie chrétienne. Elle ne se limite pas aux grandes campagnes ou aux événements spéciaux, mais se vit au quotidien, dans nos interactions avec notre entourage. Chaque croyant est appelé à partager sa foi, à être un ambassadeur du Christ. Cela commence par écouter, comprendre les besoins des autres et établir des relations authentiques.

La définition de l'évangélisation personnelle

L'évangélisation personnelle est l'acte de partager la foi en Jésus-Christ avec ceux qui nous entourent. Que ce soit à travers des conversations informelles, des moments de prière, ou des discussions plus profondes, chaque interaction peut être une occasion de témoigner de notre foi. Cela nécessite une approche authentique, où nous sommes prêts à parler de notre relation avec Dieu et de la manière dont cela a transformé nos vies.

Techniques pour partager sa foi

Il existe plusieurs techniques que nous pouvons utiliser pour partager notre foi de manière efficace. Cela inclut l'écoute active, qui consiste à être attentif aux préoccupations et aux questions des autres. Lorsque les gens sentent que nous nous soucions d'eux, ils sont plus ouverts à entendre notre témoignage.

Utiliser des questions ouvertes peut également aider à engager une conversation significative. Au lieu de simplement imposer notre foi, nous pouvons poser des questions qui suscitent la réflexion, comme : *« Quelle est votre opinion sur la spiritualité ? »* ou *« Avez-vous déjà pensé à la signification de la vie ? »* Ces questions peuvent ouvrir la porte à des discussions plus profondes sur la foi.

L'importance de l'écoute et du respect

L'écoute et le respect sont essentiels dans l'évangélisation personnelle. Chaque individu a son propre parcours spirituel et ses propres luttes. En écoutant attentivement, nous pouvons mieux comprendre leurs besoins et leur offrir l'espoir de l'Évangile d'une manière qui leur parle. Cela nécessite de la patience et un cœur ouvert, prêt à accueillir leurs questions et leurs préoccupations.

Il est également crucial de respecter les croyances des autres, même si nous ne sommes pas d'accord. Notre approche doit être empreinte de compassion et d'amour. En montrant que nous valorisons les autres, nous ouvrons la voie à des conversations plus significatives.

Témoignages sur des expériences d'évangélisation personnelle

Les témoignages d'évangélisation personnelle sont des exemples puissants de la manière dont Dieu travaille à travers ses serviteurs. De nombreuses histoires montrent comment un simple acte de foi, comme partager un verset biblique ou prier pour quelqu'un, a conduit à des transformations profondes. Ces récits nous rappellent que notre travail n'est pas vain et que chaque interaction peut avoir un impact éternel.

Un exemple pourrait être celui d'une personne qui a commencé à prier pour un collègue de travail en difficulté. Au fil du temps, cette relation s'est approfondie, et le collègue a finalement voulu en savoir plus sur la foi chrétienne. Cette histoire montre comment la prière et l'écoute peuvent ouvrir des portes pour parler de l'Évangile.

CHAPITRE 8

PRENDRE POSITION DANS UN MONDE EN CRISE

Dans un monde en crise, nous avons la responsabilité de nous lever pour notre foi. Nous ne pouvons pas rester silencieux face aux injustices, aux mensonges et aux souffrances qui nous entourent. Être une lumière dans l'obscurité nécessite courage et détermination. En nous appuyant sur la Parole de Dieu, nous pouvons prendre position avec assurance, sachant que notre identité en Christ nous donne force et autorité.

Prendre position pour la vérité

Prendre position pour la vérité est impératif dans une époque où les valeurs sont souvent remises en question. Les croyants sont appelés à défendre la foi avec courage, même lorsque cela est difficile. Cela implique d'être informés sur les enjeux contemporains et de fonder notre position sur les Écritures.

Il est essentiel de se rappeler que la vérité ne change pas, même si les opinions autour de nous évoluent. En tant que chrétiens, nous devons nous engager à être des porte-parole de la vérité, en partageant l'amour et la grâce de Dieu tout en abordant les réalités du péché et de la souffrance.

Exemples historiques de courage chrétien

L'histoire regorge d'exemples de chrétiens qui ont pris position pour la vérité, même au prix de leur sécurité. Des figures comme Martin Luther King Jr., qui a lutté pour les droits civiques, ou Dietrich Bonhoeffer, qui s'est opposé au régime nazi, illustrent le courage que les croyants doivent avoir pour défendre la justice et la vérité.

Ces exemples nous rappellent que notre foi doit se traduire par des actions concrètes. Nous sommes appelés à être des agents de changement dans notre société, en plaidant pour la justice et en défendant ceux qui sont opprimés.

Comment aborder des sujets difficiles

Aborder des sujets difficiles nécessite une approche sage et respectueuse. Lorsque nous discutons de questions controversées, il est important de le faire avec amour et compassion. Cela signifie écouter les points de vue des autres, même si nous ne sommes pas d'accord, et chercher des moyens de trouver un terrain d'entente.

Il est également essentiel de se fonder sur les Écritures lorsque nous prenons position. Cela nous donne la force et l'autorité nécessaires pour défendre notre foi. En partageant la vérité biblique avec amour, nous montrons que notre position est ancrée dans la volonté de Dieu et non dans des opinions personnelles.

Lien entre foi et action dans la société

La foi et l'action doivent aller de pair. En tant que croyants, nous avons la responsabilité de vivre notre foi de manière à produire des résultats tangibles dans notre communauté. Cela peut inclure des initiatives de justice sociale, des projets d'entraide, ou même des actions de plaidoyer pour des politiques qui reflètent les valeurs chrétiennes.

Nous devons également prier pour notre monde, nos familles respectives, amis et connaissances demandant à Dieu de nous guider dans nos actions. La prière est une arme puissante qui peut apporter des changements significatifs. En tant que communauté chrétienne, nous devons nous unir dans la prière pour notre nation, notre communauté, et le monde.

CHAPITRE 9

LES QUALITES MORALES

D'UN PORTEUR DE L'ÉVANGILE

Porter l'Évangile est une mission sacrée, et les porteurs de ce message doivent incarner des qualités morales qui reflètent le caractère de Christ. Être un évangéliste ne se limite pas à proclamer la bonne nouvelle ; cela implique également de vivre d'une manière qui honore Dieu et attire les autres vers Lui. Voici quelques qualités morales essentielles que chaque porteur de l'Évangile devrait s'efforcer de cultiver.

L'intégrité

L'intégrité est l'une des qualités les plus fondamentales d'un porteur de l'Évangile. Cela signifie être honnête dans tous les aspects de la vie, tant sur le plan personnel que professionnel. Un porteur d'Évangile doit être quelqu'un en qui les autres peuvent avoir confiance, dont les paroles et les actions s'alignent sur les principes bibliques.

Dans Proverbes 10 :9, il est écrit : *"Celui qui marche dans l'intégrité marche en sécurité, mais celui qui prend des chemins tortueux sera découvert."* L'intégrité attire les autres vers le Christ, car elle témoigne d'une vie transformée par l'Évangile.

L'humilité

L'humilité est une autre qualité essentielle. Jésus lui-même a montré l'exemple d'humilité en se faisant serviteur de tous.

En tant que porteurs de l'Évangile, nous devons nous approcher des autres avec une attitude de service, cherchant à comprendre leurs besoins et à les aider. Philippiens 2:3-4 nous exhorte à agir sans esprit de rivalité, mais à considérer les autres comme supérieurs à nous-mêmes. Cette qualité permet d'établir des relations authentiques et de témoigner de l'amour inconditionnel de Dieu.

La compassion

La compassion est au cœur de l'Évangile. Jésus a été ému de compassion pour les foules qui étaient comme des brebis sans berger. Un porteur de l'Évangile doit être sensible aux souffrances et aux luttes des autres, cherchant à apporter réconfort et aide. Galates 6 :2 nous rappelle : « *"Portez les fardeaux les uns des autres, et ainsi vous accomplirez la loi de Christ.* » La compassion ouverte la porte à des conversations significatives sur la foi et permet aux autres de voir le cœur de Dieu à l'œuvre.

La patience

La patience est une vertu essentielle dans le ministère de l'évangélisation. On ne peut pas s'attendre à ce que tout le monde réponde immédiatement à l'appel de l'Évangile. Les gens ont souvent besoin de temps pour réfléchir, poser des questions et traiter leurs doutes. Jacques 1:19 nous exhorte à être *"rapides à écouter, lents à parler, lents à se mettre en colère."* La patience démontre notre engagement envers les autres et leur permet de se sentir valorisés dans leur cheminement spirituel.

CHAPITRE 10

LES QUALITES SPIRITUELLES ET PHYSIQUES
D'UN PORTEUR DE L'ÉVANGILE

En plus des qualités morales, un porteur de l'Évangile doit également développer des qualités spirituelles et physiques pour mener à bien sa mission. Ces qualités sont essentielles pour vivre une vie chrétienne dynamique et pour porter efficacement le message du Christ.

Une vie de prière

La prière est la fondation d'une vie chrétienne saine. Un porteur de l'Évangile doit être engagé dans la prière, non seulement pour sa propre croissance spirituelle, mais aussi pour ceux qu'il cherche à atteindre. Dans Luc 18 :1, Jésus nous enseigne à toujours prier et à ne pas se décourager. La prière développe notre relation avec Dieu et nous donne la force et la sagesse nécessaires pour partager notre foi avec assurance.

La connaissance de la Parole de Dieu

La connaissance des Écritures est essentielle pour tout porteur de l'Évangile. Comprendre la Bible nous permet de partager la vérité avec clarté et précision. 2 Timothée 2 :15 nous exhorte à *« bien manier la parole de la vérité »*. Nous devons nous engager à étudier et à méditer la Parole de Dieu, afin que notre témoignage soit ancré dans la vérité biblique. Cela fortifie notre foi et nous prépare à répondre aux questions et aux objections des autres.

La foi active

La foi est un élément central de notre mission. Un porteur de l'Évangile doit vivre une foi dynamique, qui se traduit par des actions concrètes. Jacques 2 :17 déclare : *« La foi, si elle n'a pas les œuvres, est morte en elle-même. »* Notre foi doit se manifester par notre amour pour les autres, notre engagement dans le service et notre volonté de partager l'Évangile. Une foi active témoigne de la puissance de Dieu à l'œuvre dans notre vie.

La santé physique

La santé physique est également importante pour un porteur de l'Évangile. La mission d'évangélisation peut être exigeante, et nous devons être en bonne santé pour servir efficacement. Cela implique de prendre soin de notre corps en adoptant un mode de vie sain, en faisant de l'exercice et en ayant une alimentation équilibrée.

Dans 1 Corinthiens 6 :19-20, Paul nous rappelle : *« Ne savez-vous pas que votre corps est le temple du Saint-Esprit qui est en vous, que vous avez reçu de Dieu, et que vous ne vous appartenez point à vous-mêmes ? Car vous avez été rachetés à un grand prix. Glorifiez donc Dieu dans votre corps et dans votre esprit, qui appartiennent à Dieu.*

Ne savez-vous pas que votre corps est le temple du Saint-Esprit qui est en vous, que vous avez reçu de Dieu, et que vous ne vous appartenez point à vous-mêmes ? Car vous avez été rachetés à un grand prix. Glorifiez donc Dieu dans votre corps et dans votre esprit, qui appartiennent à Dieu ».

A cet effet, nous avons la lourde responsabilité de bien le traiter. Une bonne santé physique nous permet de rester engagés et actifs dans notre ministère.

La détermination

Enfin, un porteur de l'Évangile doit faire preuve de détermination. La route de l'évangélisation peut être semée d'embûches, de rejets et d'opposition. Cependant, dans Philippiens 4 :13, nous sommes encouragés : *« Je puis tout par celui qui me fortifie »."*

Cette détermination repose sur notre confiance en Dieu et sur notre engagement à accomplir la mission qui nous a été confiée. En persévérant dans l'évangélisation, nous pouvons faire une différence dans la vie des gens qui attendent désespérément le message de l'Évangile.

CHAPITRE 11

LES CONSEQUENCES DU SILENCE

Le silence face à la tâche d'évangélisation peut avoir des conséquences désastreuses et tragiques. Lorsque l'Église, et plus largement chaque croyant, choisit de se taire, elle se prive de l'opportunité de partager le message vital de l'Évangile. Ce silence peut conduire à une multitude de problèmes, tant spirituels que sociaux, et il est crucial que nous prenions conscience des implications de notre inaction.

La colère du Maître de la moisson

Dans Matthieu 9 :37-38, « *la moisson est grande, mais il y a peu d'ouvriers* ». En choisissant de ne pas répondre à l'appel de l'évangélisation, nous négligeons notre responsabilité d'ouvriers dans la moisson.

Le Maître de la moisson, en voyant les âmes perdues et affamées de vérité, peut éprouver une colère légitime face à notre inaction. Notre silence témoigne d'un manque d'amour pour ceux qui périssent, et cela peut avoir des répercussions non seulement pour nous, mais aussi pour ceux que nous avons omis de toucher.

L'influence des faux prophètes

Lorsque l'Église reste silencieuse, un vide se crée, un vide qui sera inévitablement comblé par ceux qui prêchent des faux évangiles. Les faux prophètes, en quête de pouvoir, de richesse ou de popularité, émergent pour séduire les foules avec des promesses de facilité et d'escroquerie. Ces messages, qui prônent une foi sans sacrifice, peuvent séduire de nombreuses âmes, les éloignant du véritable Évangile.

Dans 2 Pierre 2 :1, il est écrit : *"Il y aura parmi vous de faux docteurs, qui introduiront sournoisement des hérésies destructrices."*

Ce verset souligne l'importance de notre voix. Si nous ne proclamons pas la vérité de l'Évangile, c'est la tromperie et l'inexactitude qui prendront le relais. Nous avons la responsabilité de protéger la vérité afin d'éviter que d'innocentes âmes ne soient égarées par des mensonges. Le silence des vrais ministres de l'évangile, dans ce contexte, n'est pas simplement une omission ; c'est une porte ouverte aux ouvriers d'iniquité de semer la confusion par leur invitation à la tromperie.

La perte de vies éternelles

L'une des conséquences les plus graves du silence évangélique est la perte d'âmes. Si nous gardons le silence sur la vérité du salut, des milliers de personnes pourraient passer l'éternité loin de la présence de Dieu. L'impératif de l'évangélisation est un commandement clair de notre Seigneur — un appel à "aller et faire de toutes les nations des disciples" (Matthieu 28 :19). Chaque fois que nous choisissons de ne pas partager notre foi, nous prenons le risque que quelqu'un n'entende jamais cette bonne nouvelle.

Le passage d'Ézéchiel 33 :8 souligne la gravité de cette responsabilité : *« Quand je dis au méchant : Méchant, tu mourras ! si tu ne parles pas pour détourner le méchant de sa voie, ce méchant mourra dans son iniquité, et je te redemanderai son sang. »* Ce verset est un appel puissant à l'action. Dieu nous tient responsables des âmes qui périssent si nous restons silencieux. Ce n'est pas simplement une question d'évangélisation, mais une question de vie ou de mort spirituelle.

Le poids de la culpabilité

Le silence évangélique peut également entraîner un poids de culpabilité et de regret. Dans nos cœurs, nous savons que nous avons une mission sacrée à accomplir. Lorsque nous choisissons de ne pas agir, ce silence peut se traduire par une lutte intérieure qui nous ronge. Le sentiment d'avoir manqué à notre devoir peut nous hanter et nous éloigner de notre relation avec Dieu. Nous devons nous rappeler que Dieu nous appelle à être des témoins fidèles, et notre silence peut nous conduire à une vie de compromis et de désobéissance.

La perte de l'impact de l'Église

Enfin, le silence évangélique conduit à une perte d'impact de l'Église dans la société. Lorsque les croyants choisissent de ne pas partager leur foi, l'Église devient progressivement insignifiante pour le monde extérieur.

Notre mission est de faire briller la lumière du Christ dans les ténèbres, mais si nous choisissons de garder cette lumière cachée, nous échouons à remplir notre appel. Le monde a besoin de voir la vérité et l'amour de Dieu à travers nos actions et nos paroles. Un témoignage vivant est un puissant antidote contre le désespoir et l'égarement.

CHAPITRE 12

LES RECOMPENSES DE DIEU AUX GAGNEURS D'AMES

« Celui qui moissonne reçoit un salaire, et amasse des fruits pour la vie éternelle, afin que celui qui sème et celui qui moissonne se réjouissent ensemble. Car en ceci ce qu'on dit est vrai : Autre est celui qui sème, et autre celui qui moissonne ».

L'évangélisation est une mission sacrée et, en tant que croyants, nous avons l'opportunité unique de participer à l'œuvre de Dieu en gagnant des âmes pour le Royaume. La proclamation de l'Évangile est non seulement un appel, mais aussi une promesse de récompenses spirituelles et éternelles que Dieu réserve à ceux qui s'engagent à partager la bonne nouvelle avec diligence et amour. Dans ce chapitre, nous examinerons les différentes récompenses que Dieu accorde aux gagneurs d'âmes, tant ici-bas qu'à venir.

1. Le salaire du moissonneur

Dans Jean 4 :36, il est écrit : *« Celui qui moissonne reçoit un salaire, et amasse des fruits pour la vie éternelle »*.

Ce verset nous rappelle que l'évangélisation n'est pas simplement une tâche à accomplir, mais qu'elle a une dimension récompensatrice. Dieu est un Dieu qui voit nos efforts pour partager l'Évangile et Il promet un salaire à ceux qui moissonnent.

Le terme *« salaire »* évoque une reconnaissance divine pour le travail accompli. Chaque fois que nous prenons le temps de partager notre foi avec les autres, nous investissons dans quelque chose d'éternel.

Les âmes que nous touchons, les cœurs que nous amenons à Christ, sont des fruits qui se multiplient pour la vie éternelle. Cela signifie que notre travail n'est pas en vain ; il a un impact qui transcende cette vie et s'étend dans l'éternité.

2. L'amassement des fruits pour la vie éternelle

Le verset mentionne également que le moissonneur *"amasse des fruits pour la vie éternelle"*. Cette métaphore illustre la réalité que chaque personne que nous amenons à Christ devient un fruit dans le jardin de Dieu. Ces fruits sont non seulement des individus qui ont reçu le salut, mais ils représentent également des vies transformées, des familles restaurées et des communautés impactées.

En gagnant des âmes, nous participons à l'œuvre de Dieu de manière tangible, et nous voyons les effets de notre ministère se manifester dans les vies des autres. Chaque transformation est une victoire, une raison de célébrer et de se réjouir ensemble avec ceux que nous avons touchés.

Il est important de noter que ces fruits ne se limitent pas simplement à des conversions individuelles. Ils incluent également l'impact que ces personnes auront sur d'autres. La vie de chaque nouvel enfant de Dieu peut influencer de nombreuses autres vies. C'est un cycle de grâce et de multiplication.

3. La joie du semeur et du moissonneur

Le verset continue en disant, *« afin que celui qui sème et celui qui moissonne se réjouissent ensemble »*. Cela souligne l'importance de la collaboration dans l'évangélisation. Dans le royaume de Dieu, chaque effort compte, que ce soit le semeur qui plante la semence ou le moissonneur qui récolte les fruits. Chacun a un rôle unique à jouer dans le plan divin.

Il est important de reconnaître que, parfois, nous pouvons être appelés à semer sans voir immédiatement les résultats. Mais cela ne signifie pas que notre travail est inutile. Le semeur et le moissonneur sont tous deux importants dans l'œuvre de Dieu. Lorsque nous travaillons ensemble, nous partageons une joie commune — celle de voir les âmes venir à Christ.

Cette dynamique de collaboration doit nous encourager à ne pas sous-estimer notre rôle dans le processus d'évangélisation. Que nous soyons en train de semer ou de moissonner, nous avons la possibilité de participer à la grande œuvre de Dieu. Et lorsque nous verrons les résultats de notre travail, nous serons remplis de joie et de gratitude.

4. Récompenses ici-bas et dans l'éternité

Les récompenses que Dieu réserve aux gagneurs d'âmes ne se limitent pas à l'éternité ; elles se manifestent également dans cette vie. Lorsque nous partageons l'Évangile, nous expérimentons la joie, la satisfaction et le sens de la mission. Chaque fois que nous voyons une vie transformée par la grâce de Dieu, c'est un rappel du pouvoir de l'Évangile et de notre rôle dans cette œuvre.

De plus, l'évangélisation nous rapproche de Dieu. En partageant notre foi, nous vivons des expériences spirituelles profondes qui renforcent notre relation avec Lui. Chaque interaction, chaque conversation, chaque occasion de prier pour quelqu'un est une opportunité d'expérimenter l'amour de Dieu de manière tangible.

5. Une couronne éternelle

Les Écritures nous promettent également une récompense éternelle sous la forme d'une couronne pour ceux qui gagnent des âmes. Dans 1 Thessaloniciens 2 :19, Paul pose la question : *"En effet, quelle est notre espérance, notre joie, notre couronne de gloire, si ce n'est vous, devant notre Seigneur Jésus, à son avènement ?"* Cette couronne n'est pas simplement un symbole de victoire, mais une reconnaissance de notre engagement à porter l'Évangile au monde.

La couronne de gloire que Dieu réserve à ceux qui gagnent des âmes est un encouragement puissant. Elle nous rappelle que notre travail ici-bas a des répercussions éternelles. Lorsque nous nous tiendrons devant Dieu, ces âmes que nous avons touchées apporteront une joie immense et une satisfaction incommensurable. Cette récompense nous motive à poursuivre notre mission, sachant que chaque âme compte aux yeux de Dieu.

6. L'impact sur notre communauté et notre génération

Gagner des âmes a également un impact significatif sur notre communauté et notre génération. Lorsqu'une personne faite l'expérience de la grâce et de l'amour de Dieu, cela a des répercussions non seulement sur sa vie, mais aussi sur sa famille, ses amis et tout son entourage. Les histoires de transformation personnelle peuvent déclencher un effet domino de changement dans les vies des autres.

Dans Matthieu 5 :16, Jésus nous appelle à laisser notre lumière briller devant les hommes. En partageant notre foi et en gagnant des âmes, nous faisons briller la lumière de Christ dans notre communauté, offrant de l'espoir à ceux qui vivent dans l'obscurité. C'est un impact que Dieu utilise pour établir Son royaume sur la terre. Les récompenses de Dieu se manifestent non seulement dans les vies individuelles, mais aussi dans la transformation collective de nos communautés.

7. Une meilleure connaissance de Dieu

Enfin, l'engagement dans l'évangélisation approfondit notre relation avec Dieu. En partageant l'Évangile, nous dépendons de la puissance du Saint-Esprit pour nous conduire et nous remplir de sagesse. Cette dépendance nous pousse à consacrer plus de temps à la prière et à l'étude des Écritures, ce qui renforce notre foi et notre compréhension de la nature de Dieu.

Au fur et à mesure que nous témoignons de notre foi, nous découvrons de nouveaux aspects de la bonté et de la grâce de Dieu. Ce voyage de partage nous rapproche de Lui et nous transforme davantage à Son image. La promesse de Dieu est que, lorsque nous cherchons à gagner des âmes, nous trouvons une plénitude de vie qui ne peut être atteinte autrement.

Conclusion du chapitre

Les récompenses de Dieu aux gagneurs d'âmes sont multiples et précieuses. Elles incluent la joie de voir des vies transformées, l'approbation divine, une couronne éternelle, l'impact sur notre communauté, et une connaissance plus profonde de Dieu. En tant que croyants, nous sommes appelés à prendre au sérieux notre mission d'évangélisation, sachant que chaque âme compte et que notre engagement a des répercussions éternelles.

En réponse à cet appel, engageons-nous à être des gagneurs d'âmes, à briser le silence évangélique et à proclamer la bonne nouvelle de Jésus-Christ. Que nos vies témoignent de la puissance de l'Évangile et que nous soyons des instruments de transformation dans le monde.

 En fin de compte, nous serons récompensés non seulement par les bénédictions de ce monde, mais aussi par la plénitude de la gloire de Dieu, lorsque nous nous tiendrons devant Lui, entourés des âmes que nous avons eu le privilège de toucher.

CHAPITRE 13

COMMENT ORGANISER L'ÉGLISE POUR LES SORTIES EVANGELIQUES PORTE-A-PORTE EN VILLE

ET A LA CAMPAGNE

L'évangélisation porte-à-porte est une méthode puissante et personnelle pour partager l'Évangile. Jésus lui-même a envoyé ses disciples deux à deux pour préparer le chemin devant Lui, illustrant ainsi l'importance de l'évangélisation active et de la mobilisation des croyants. Dans ce chapitre, nous explorerons comment organiser efficacement notre Église pour des sorties évangéliques, que ce soit en milieu urbain ou rural.

1. Comprendre l'appel à l'évangélisation

Avant toute chose, il est essentiel que l'Église comprenne l'appel à évangéliser. Dans Luc 10 :1-2, Jésus déclare : *« La moisson est grande, mais il y a peu d'ouvriers »*. Cet appel doit résonner dans le cœur de chaque membre de l'Église. L'évangélisation n'est pas seulement la tâche des pasteurs ou des leaders, mais de chaque disciple du Christ. Reconnaître cela crée une culture d'évangélisation au sein de la communauté chrétienne.

Pour préparer le terrain, il peut être utile d'organiser des enseignements ou des séminaires sur l'importance de l'évangélisation, en utilisant des passages bibliques pour inspirer et motiver l'Église. Des témoignages de membres qui ont partagé leur foi avec succès peuvent également encourager les autres à s'engager dans ce ministère.

2. Formation et préparation des participants

Une fois que l'appel à l'évangélisation est compris, il est temps de former les participants. Offrir des sessions de formation sur la manière de partager l'Évangile, d'écouter activement, et de répondre aux questions est crucial. Voici quelques éléments à inclure dans la formation :

- Principes de base de l'évangélisation : Enseigner les éléments fondamentaux de l'Évangile et comment le transmettre de manière simple et claire.

- Techniques de communication : Former les participants sur l'écoute active et les compétences interpersonnelles pour établir des relations.

- Gestion des objections : Préparer les participants à répondre aux questions ou aux objections que les gens pourraient poser concernant la foi chrétienne.

- Éthique et respect : Insister sur l'importance de respecter les opinions et les croyances des autres, tout en partageant l'amour de Christ.

3. Identifier les cibles et les zones

Avant de sortir, il est essentiel de définir les zones où les sorties évangéliques auront lieu. Cela peut inclure des quartiers spécifiques de la ville ou des villages en milieu rural. Pour ce faire, il peut être utile de :

- Cartographier la communauté : Identifier les zones à forte densité de population et celles qui semblent moins touchées par l'évangile.

- Organiser des visites préalables : Envoyer des équipes pour évaluer la réceptivité des habitants à l'évangélisation.

- Collaborer avec les leaders communautaires : Établir des contacts avec des leaders locaux pour obtenir leur soutien et leur bénédiction.

4. Former des équipes

Jésus a envoyé ses disciples deux par deux (Luc 10:1). De même, former des équipes pour les sorties évangéliques est crucial. Cela crée un environnement de soutien et de prière, ce qui renforce la confiance des participants. Voici quelques étapes pour former ces équipes :

- Créer des équipes mixtes : Inclure des membres plus expérimentés avec des nouveaux pour favoriser le mentorat.

- Définir les rôles : Assigner des rôles spécifiques au sein de chaque équipe, tels que le leader de l'équipe, le prieur, et le communicateur principal.

- Encourager la prière : Avant chaque sortie, prier ensemble pour le succès de l'évangélisation et pour l'ouverture des cœurs des personnes rencontrées.

5. Planification logistique

Une bonne organisation logistique est essentielle pour une sortie évangélique réussie. Voici quelques points à considérer :

- Choisir le bon moment : Planifier les sorties à des moments où les gens sont plus susceptibles d'être chez eux (par exemple, en soirée ou le week-end).

- Préparer du matériel : Fournir des brochures, des tracts, ou d'autres ressources pour aider à expliquer l'Évangile.

- Prévoir des moyens de transport : Assurer que chaque équipe dispose des moyens nécessaires pour se déplacer dans la zone ciblée.

6. Mise en pratique de l'évangélisation porte-à-porte

Lors des sorties, chaque équipe doit être prête à mettre en pratique ce qu'elle a appris lors de la formation. Voici quelques conseils pratiques pour les rencontres :

- Se présenter avec chaleur : Commencer par se présenter et établir un rapport amical avec les personnes rencontrées.

- Partager l'Évangile simplement : Utiliser un langage simple et clair pour expliquer l'Évangile et la raison de notre visite.

- Écouter et respecter : Prendre le temps d'écouter les réponses, les questions et les préoccupations de l'interlocuteur. Montrer du respect pour leurs opinions et croyances.

- Offrir de prier : Proposer de prier pour les personnes rencontrées, que ce soit pour des besoins spécifiques ou pour leur vie en général.

7. Suivi après les sorties

Le suivi est une étape cruciale après les sorties. Cela permet de maintenir le contact et de continuer à nourrir les relations établies. Voici des idées pour le suivi :

- Visites de suivi : Programmer des visites pour revoir les personnes rencontrées et discuter davantage de leur foi.

- Inviter aux événements de **l'Église** : Établir des invitations pour des services, des études bibliques, ou des événements communautaires.

- Créer des groupes de prière ou **d'intercession** : Formuler des groupes pour prier ensemble pour ceux qui ont été touchés par l'Évangile.

8. Célébration des résultats

Il est important de célébrer les résultats des sorties évangéliques, qu'ils soient petits ou grands. Cela peut inclure :

- Des témoignages partagés lors des cultes : Inviter les participants à partager leurs expériences et les histoires des personnes rencontrées.

- Des événements de reconnaissance : Organiser des événements pour remercier et reconnaître les efforts de ceux qui ont participé.

- Évaluer l'impact : Prendre le temps d'évaluer ce qui a fonctionné et ce qui peut être amélioré, afin de mieux préparer les futures sorties.

Conclusion

Organiser des sorties évangéliques porte-à-porte, que ce soit en ville ou à la campagne, nécessite prière, préparation et engagement.

En suivant ces étapes, l'Église peut mobiliser ses membres pour partager le message de l'Évangile de manière efficace et impactante. Rappelons-nous que, comme le dit Jésus dans Luc 10 :2, la moisson est grande, mais il y a peu d'ouvriers. En tant que communauté de croyants, nous sommes appelés à répondre à cet appel et à sortir partager l'amour de Christ avec un monde qui en a désespérément besoin.

CHAPITRE 14

METHODES D'EVANGELISATION CONTEMPORAINES

L'évangélisation prend plusieurs formes, chacune ayant ses propres avantages et défis. Dans ce chapitre, nous allons examiner deux méthodes contemporaines : l'organisation de grandes campagnes d'évangélisation et le témoignage personnel. Nous analyserons les aspects logistiques liés aux campagnes d'évangélisation, ainsi que la simplicité et l'impact du témoignage individuel. À la fin, nous tenterons de déterminer laquelle de ces méthodes pourrait être la plus fructueuse dans le contexte actuel.

1. L'organisation de grandes campagnes d'évangélisation

Les grandes campagnes d'évangélisation sont souvent planifiées avec soin et nécessitent une logistique complexe. Ces événements, qui peuvent rassembler des milliers de personnes, visent à partager l'Évangile de manière massive et spectaculaire.

1.1 Sonorisation de grande portée

L'un des aspects les plus cruciaux d'une campagne est le système de sonorisation. Pour atteindre un large public, il faut un équipement de sonorisation de haute qualité, capable de couvrir de grands espaces, que ce soit en extérieur ou en intérieur. Cela nécessite souvent des ingénieurs du son professionnels et du matériel spécifique, ce qui représente un investissement financier significatif.

1.2 Logistique

La logistique englobe tous les éléments pratiques d'une campagne d'évangélisation. Cela inclut la planification des horaires, la coordination des bénévoles et la gestion des ressources. Chaque détail doit être minutieusement pensé pour assurer le bon déroulement de l'événement. Des réunions préalables sont souvent nécessaires pour s'assurer que chaque membre de l'équipe connaît son rôle.

1.3 Transport

Le transport des équipements, des orateurs et des participants est un autre défi. Cela peut inclure la location de véhicules pour transporter les équipements sonores, les chaises, et d'autres matériels nécessaires à l'événement. Si la campagne se déroule dans une autre ville, des arrangements pour les déplacements des orateurs et des équipes de soutien doivent également être pris en compte.

1.4 Location de tentes

Pour les campagnes en extérieur, la location de tentes est souvent nécessaire pour protéger les participants des intempéries. Cela implique de négocier avec des fournisseurs, de s'assurer que les tentes sont montées correctement, et de prévoir des installations pour le confort des participants (comme des sanitaires).

1.5 Construction d'estrade

Une estrade est souvent construite pour les orateurs, ce qui nécessite des compétences en construction et des mesures de sécurité. Une estrade bien conçue permet de donner de la visibilité aux intervenants et de créer une atmosphère appropriée pour l'évangélisation.

1.6 Gastronomie

Des services de restauration peuvent également être prévus pour accueillir les participants. Cela peut inclure des stands de nourriture et de boissons, ou même un service de repas pour les bénévoles et les orateurs. Le choix des menus et la gestion des fournisseurs sont des éléments importants à considérer.

1.7 Hébergement des orateurs dans un hôtel

Lorsque des orateurs invités viennent de loin, il est nécessaire de prévoir leur hébergement dans des hôtels. Cela nécessite souvent des réservations anticipées et une coordination pour s'assurer que les orateurs se sentent bien accueillis.

1.8 Imprévus

Les campagnes d'évangélisation peuvent toujours rencontrer des imprévus. Qu'il s'agisse de conditions météorologiques défavorables, de problèmes techniques ou d'autres obstacles, il est essentiel d'avoir un plan B et une équipe prête à s'adapter.

2. Le témoignage personnel du chrétien

À côté des grandes campagnes d'évangélisation, le témoignage personnel est une méthode tout aussi puissante, mais avec une approche radicalement différente.

2.1 Simplicité et accessibilité

Le témoignage personnel ne nécessite pas d'investissements massifs. Un chrétien peut partager sa foi simplement par ses actions, ses paroles, et sa présence dans la vie des gens. Que ce soit au travail, à l'école, ou dans les relations quotidiennes, chaque croyant a la capacité de témoigner de l'amour de Dieu de manière authentique et accessible.

2.2 Impact relationnel

Un témoignage personnel repose sur des relations authentiques. Les gens sont souvent plus réceptifs à entendre parler de la foi lorsqu'ils entendent l'histoire d'une personne qu'ils connaissent et en qui ils ont confiance. La proximité crée un environnement sûr pour poser des questions et explorer la foi.

2.3 Opportunités constantes

Le témoignage personnel offre des opportunités constantes. Chaque interaction quotidienne est une occasion de partager des réflexions spirituelles, d'encourager quelqu'un par la prière, ou de porter témoignage de la manière dont Dieu a agi dans sa vie. Cela demande une sensibilité et une disposition à saisir ces moments.

2.4 Moins de logistique

Contrairement aux campagnes d'évangélisation, le témoignage personnel a besoin de peu de logistique. Il n'y a pas besoin de location de tentes, de sonorisation, ou de transport complexe. Chaque croyant peut être un témoin de Christ dans son environnement immédiat sans avoir à se soucier de la planification d'un grand événement.

3. Comparaison des deux méthodes

3.1 Coût et investissement

L'un des principaux contrastes entre les deux méthodes réside dans l'investissement financier. Les campagnes d'évangélisation demandent des ressources importantes, alors que le témoignage personnel nécessite peu ou pas de coûts. Cela rend le témoignage individuel plus accessible, en particulier pour les petites Églises ou les groupes de croyants.

3.2 Fructuosité

Quant à la fructuosité, les deux méthodes peuvent produire des résultats significatifs, mais elles le font souvent de manière différente. Les grandes campagnes peuvent attirer des foules et engendrer des conversions massives en peu de temps, tandis que le témoignage personnel peut mener à des changements profonds et durables dans la vie des individus sur le long terme.

3.3 Durabilité

Le témoignage personnel a tendance à créer des liens plus profonds et durables. Les relations établies peuvent mener à un parcours spirituel continu, tandis que les campagnes, bien qu'efficaces, peuvent parfois offrir une expérience superficielle si elles ne sont pas suivies d'un engagement de discipleship.

Conclusion

En conclusion, les méthodes d'évangélisation contemporaines, qu'il s'agisse de campagnes d'évangélisation ou de témoignages personnels, ont chacune leurs propres avantages et défis. Les grandes campagnes peuvent rassembler des foules et créer un impact immédiat, mais nécessitent un investissement considérable en temps, en ressources et en logistique. En revanche, le témoignage personnel est plus accessible, moins coûteux, et peut produire des relations profondes et durables.

Finalement, chaque méthode a sa place dans le plan de Dieu pour l'évangélisation. Il est essentiel que chaque croyant soit sensible à l'appel de Dieu dans sa propre vie pour partager sa foi, que ce soit à travers des campagnes ou des interactions quotidiennes. Que nous soyons appelés à participer à des événements massifs ou à vivre notre foi au quotidien, l'important est de répondre au besoin de faire connaître l'amour de Christ au monde qui nous entoure.

CHAPITRE 15

IL FAUT ETRE PRET A TOUT RISQUER POUR L'ÉVANGILE

L'appel à suivre le Christ est un appel à la fois, mais aussi à la détermination. Dans un monde où l'évangile est souvent rejeté, moqué, ou même persécuté, chaque disciple de Jésus doit être prêt à tout risque, y compris à sacrifier sa propre vie pour cette cause. Les Écritures nous rappellent la réalité des défis que nous devons affronter en tant que croyants.

1. L'envoi au milieu des loups

Dans Matthieu 10 :16, Jésus déclare : *« Voici, je vous envoie comme des brebis au milieu des loups. »* Cette métaphore illustre la vulnérabilité des disciples face à un monde hostile. Être envoyé comme des brebis signifie que nous serons souvent exposés à des dangers et à des défis, mais cela ne doit pas nous décourager. Au contraire, cela souligne l'importance d'être prudents et sages tout en étant pleins de foi.

Jésus nous appelle à être "prudents comme les serpents, et simples comme les colombes". Cela signifie que nous devons être astucieux et intelligents dans notre approche tout en maintenant une innocence et une pureté d'intention. La prudence nous protège des dangers, mais nous ne devons jamais laisser la peur nous paralyser.

2. La persécution et l'exclusion

Les versets de Jean 16 :2 nous rappellent la réalité de la persécution : *« Ils vous excluront des synagogues ; et même l'heure vient où quiconque vous fera mourir croira rendre un culte à Dieu. »* Ces mots nous avertissent que le témoignage de notre foi peut nous coûter cher. Les premiers chrétiens ont fait l'expérience de l'exclusion sociale, de la détention et même de la mort pour avoir témoigné de l'Évangile.

Cette persécution n'est pas seulement une réalité du passé, mais elle persiste encore aujourd'hui dans de nombreuses parties du monde. Des millions de chrétiens sont persécutés pour leur foi, et beaucoup d'entre eux doivent faire face à la décision difficile de renoncer à leur croyance ou de risquer leur vie.

3. La promesse de paix

Malgré ces défis, Jésus nous encourage dans Jean 16 :33, en disant : « *Je vous ai dit ces choses, afin que vous ayez la paix en moi. Vous aurez des tribulations dans le monde ; mais prenez courage, j'ai vaincu le monde."* Cette promesse de paix est un ancrage dans les tempêtes de la vie. Même au milieu des épreuves, nous pouvons avoir la certitude que notre foi en Christ nous donne la force et le courage nécessaires pour avancer.

La paix que Christ offre n'est pas l'absence de tribulations, mais la certitude que, peu importe les circonstances, nous ne sommes jamais seuls. En sachant que notre Sauveur a vaincu le monde, nous pouvons affronter les défis de la vie avec détermination.

4. Sacrifices pour la bonne nouvelle

Dans Marc 10 :29, Jésus souligne l'importance des sacrifices que nous faisons pour Lui : "Je vous le dis en vérité, il n'est personne qui, ayant quitté, à cause de moi et à cause de la bonne nouvelle, sa maison, ou ses frères, ou ses sœurs, ou sa mère, ou son père, ou ses enfants, ou ses terres..." Ce passage nous rappelle que suivre Jésus peut nécessiter de laisser derrière nous des choses précieuses.

Les sacrifices peuvent prendre différentes formes, que ce soit l'abandon de nos propres désirs, la séparation d'avec nos proches, ou même la décision de ne pas se conformer aux attentes du monde. Chaque sacrifice que nous faisons pour l'Évangile est un témoignage de notre engagement envers Christ et notre désir de voir Son royaume se répandre.

5. Le courage d'agir

Être prêt à tout risquer pour l'Évangile implique également de prendre des mesures audacieuses. Nous sommes appelés à sortir de notre zone de confort pour partager la bonne nouvelle, même si cela signifie faire face à des oppositions ou à des rejets. Cela nécessite du courage, de la foi et une dépendance constante à l'Esprit Saint.

Le témoignage des martyrs, des chrétiens qui ont donné leur vie pour leur foi, doit nous inspirer. Leur détermination à ne pas renoncer à leur croyance même face à la mort est un exemple puissant de ce que signifie être prêt à tout risquer pour l'Évangile. Leur héritage continue de vivre dans nos cœurs et nous rappelle que la vérité de l'Évangile vaut tous les sacrifices.

Conclusion de ce chapitre

En conclusion, être prêt à tout risquer pour l'Évangile est un appel sérieux et profond. Cela nécessite de la foi, de la détermination et un engagement à vivre selon les principes de Christ. Alors que nous nous préparons à faire face aux défis et aux persécutions, rappelons-nous que notre Sauveur est avec nous à chaque étape du chemin. Que nous soyons confrontés à des loups ou à des tribulations, nous pouvons avoir confiance en Celui qui a vaincu le monde.

Soyons des témoins courageux de l'Évangile, prêts à faire les sacrifices nécessaires pour porter la bonne nouvelle à un monde qui en a désespérément besoin. En agissant avec prudence, sagesse, et foi, nous pouvons faire une différence éternelle dans la vie des autres.

Printed by Books on Demand GmbH, Norderstedt / Germany